HEINZ ERHARDT
FROHES FEST!

MIT BILDERN VON GERHARD GLÜCK

LAPPAN

HUMOR

Glücklich ist der Mensch zu preisen, der – angetan mit einem Regenmantel – durch den strömenden Regen geht und das Gefühl hat, durch meinen Mantel geht nichts durch. Dieser Mensch hat Humor! Humor ist nichts anderes als ein undurchlässiger Regenmantel, und es ist nur bedauerlich, dass Regenmäntel immer so verregnet aussehen.

Humor kommt von humus, ohne den bekanntlich nichts gedeihen kann. Aus humus ist dann Homo entstanden, und der liebe Gott muss damals viel Humor gehabt haben, als er den Homo sapiens schuf. Denn gibt es etwas Komischeres als den Menschen?

Aus einiger Entfernung sieht der Mensch manchmal wie ein richtiger Mensch aus. Aber während das Weihnachtsfest zum Beispiel uns immer näherkommt, kommen sich die Menschen niemals richtig näher. Sie haben Angst voreinander. Ist das nicht komisch?

DER EINSAME

Einsam irr ich durch die Gassen,
durch den Regen, durch die Nacht.
Warum hast du mich verlassen,
warum hast du das gemacht?
Nichts bleibt mir, als mich zu grämen!
Gestern sprang ich in den Bach,
um das Leben mir zu nehmen;
doch der Bach war viel zu flach.

Einsam irr ich durch den Regen,
und ganz feucht ist mein Gesicht,
nicht allein des Regens wegen,
nein, davon alleine nicht.
Wo bleibt Tod in schwarzem Kleide?
Wo bleibt Tod und tötet mich?
Oder besser noch: uns beide?
Oder besser: erst mal dich?

PERPETUUM MOBILE

Und der Herbststurm treibt die Blätter,
die ganz welk sind, vor sich her,
und es ist so schlechtes Wetter – – –
ach, wenns doch schon Winter wär!
Und es fallen weiße Flocken,
zwanzig Grad sind es und mehr,
und man friert in seinen Socken – – –
ach, wenns doch schon Frühling wär!
Und der Schnee schmilzt auf den Gassen,
und der Frühling kommt vom Meer,
einsam ist man und verlassen – – –
ach, wenns doch schon Sommer wär!
Und dann wird es schließlich Juli,
und die Arbeit fällt so schwer,
denn man transpiriert wie'n Kuli – – –
ach, wenn es doch Herbst schon wär!
usw. usw.

Welch ein Herbst!

WINTERANFANG

Verblüht sind Dahlien und Ginster.
Die Rechnung steigt für Öl und Licht.
Die Nächte werden wieder finster.
Der Tag nimmt ab. Die Oma nicht.

SOMMERANFANG

Mit Frischem füllen sich die Keller.
Es sinkt der Öl- und Lichtverbrauch.
Die Nächte werden wieder heller.
Der Tag nimmt zu. Die Oma auch.

„Guten Tag, wir sind vom Sonnenkraft-Verein und würden Sie gern über Solaranlagen informieren."

KINDER

Kinder haben es so leicht,
haben keine Sorgen,
denken nur, was mach ich jetzt,
nicht, was mach ich morgen …?

Kinder haben es so schwer,
dürfen niemals mäkeln
und sich wie der Herr Papa
auf dem Sofa räkeln …

Kinder haben es so leicht,
dürfen immer spielen,
essen, wenn sie hungrig sind,
weinen, wenn sie fielen …

Kinder haben es so schwer,
müssen so viel lernen
und, wenn was im Fernsehn kommt,
sich sofort entfernen …

Kinder haben es so leicht,
naschen aus der Tüte,
glauben an den lieben Gott
und an dessen Güte ...

Kinder haben es so schwer,
müssen Händchen geben –
und auf dieser blöden Welt
noch so lange leben ...

*Es hat keinen Sinn, den Brunnen
auszuschütten, wenn das Kind
verbrannt ist.*

PAPPIS WIEGENLIED

Schlafe ein, mein Schätzchen,
und träum von einem Kätzchen,
von Püppchen, bunten Steinchen,
schlafe ein, schlaf, Kleinchen!
Schlafe ein, mein Bübchen,
ein Engel geht durchs Stübchen
ganz leis auf nackten Beinchen,
schlafe ein, schlaf, Kleinchen!
Während nun der gute Mond am Himmel lacht,
sitzt dein Pappi hier am Bettchen und bewacht
dich, mein holdes Schätzchen.
Es schlafen schon die Kätzchen,
die Püppchen und die Steinchen,
schlafe ein, schlaf einchen!

Manchmal erkennt man Paar-Probleme auf den ersten Blick.

DIE ELTERN

Eltern bestehen in der Regel aus zwei Personen. Es sollen allerdings auch Fälle bekannt geworden sein, wo der Vater unbekannt ist. Von diesen überaus seltenen Fällen zeugt schon die im 17. Jahrhundert entstandene deutsche Volks- oder, besser gesagt, Halbwaise: Zeig mir mal dein Muttermal – dann zeig ich dir dein' Vater mal. Nun, ich konnte mich nicht beklagen: Ich hatte drei Väter! Und ebenso viele Mütter!
Diese Vielzahl an Eltern ist darauf zurückzuführen, dass sowohl mein Vater als auch meine Mutter jeweils dreimal verheiratet waren. Da nun aber nicht nur sie, sondern auch die Angeheirateten immer wieder heirateten, so besaß ich in den Zwanzigerjahren nicht weniger als einundzwanzig lebende Großelternteile, nämlich elf Großväter und zehn Großmütter ...
Alle Vä- und Mütter, aber auch deren Eltern kannten sich untereinander, vertrugen sich glänzend und verwöhnten mich. Und das nicht nur zur Weihnachtszeit ...

WIESO ICH DICHTER WURDE

Als ich das Gaslicht der Welt erblickte, war ich noch verhältnismäßig jung.
Meine Eltern waren zwei Stück, und mein Vater war sehr reich: Er hatte zwei Villen, einen guten und einen bösen.
Und eines Tages – es war sehr kalt, und ich fror vor mich hin, denn nicht nur meine Mutter, auch der Ofen war ausgegangen – teilte sich plötzlich die Wand, und eine wunderschöne Fee erschien! Sie hatte ein faltenreiches Gewand und ein ebensolches Gesicht. Sie schritt auf meine Lagerstatt zu und sprach also: „Na, mein Junge, was willst du denn mal werden?"
Ich antwortete – im Hinblick auf meine ziemlich feuchten Windeln: „Ach, gute Tante, vor allem möcht ich gern ‚dichter' werden!"
Das hatte die Fee missverstanden, was du, geduldiger Leser, dem vorliegenden Buch unschwer entnehmen kannst!

Das Christkind macht seinen Eltern eine Freude.

„Paul! Dass wir den Geburtstg eines anderen Außerirdischen feiern, ist noch längst kein Grund, uns den Krieg zu erklären!"

WEIHNACHTEN 1944

(Als ich keinen Urlaub bekam)

Wenn es in der Welt dezembert
und der Mond wie ein Kamembert
gelblich rund, mit etwas Schimmel
angetan, am Winterhimmel
heimwärts zu den Seinen irrt
und der Tag stets kürzer wird –
sozusagen wird zum Kurztag –,
hat das Christkindlein Geburtstag!

Ach, wie ist man dann vergnügt,
wenn man einen Urlaub kriegt.
Andrerseits, wie ist man traurig,
wenn es heißt: „Nein, da bedaur' ich!"
Also greift man dann entweder
zu dem Blei oder der Feder
und schreibt schleunigst auf Papier
ein Gedicht, wie dieses hier:

▶

Die Berge, die Meere, den Geist und das Leben
hat Gott zum Geschenk uns gemacht;
doch uns auch den Frieden,
den Frieden zu geben,
das hat er nicht fertiggebracht!
Wir tasten und irren, vergehen und werden,
wir kämpfen mal so und mal so ...
Vielleicht gibts doch richtigen
Frieden auf Erden?
Vielleicht grade jetzt? – Aber wo? ...

Geburtsort Christi mit 8 Buchstaben?

ES IST NICHT ALLES GOLD, WAS GLÄNZT

Oft glänzt der Himmel strahlend blau,
und oft glänzt eine Hose,
oft glänzt die Nase einer Frau
vor dem Gebrauch der Puderdose.

Durch Abwesenheit glänzt das Glück!
Durchs Bohnern glänzt die Diele –
man rutscht drauf aus und brichts Genick!
(Zu großer Glanz ist nichts für viele!)

Ich begrüße bei uns Maria und Joseph Dumpel mit ihrem süßen kleinen Chris ... und noch eine kleine Überraschung: Herr Dumpel ist Zimmermann!"

DIE WEIHNACHTSGANS

Tiefgefroren in der Truhe
liegt die Gans aus Dänemark.
Vorläufig lässt man in Ruhe
sie in ihrem weißen Sarg.

Ohne Bein, Kopf und Gekröse
ruht sie neben dem Spinat.
Ob sie wohl ein wenig böse
ist, dass man sie schlachten tat?

Oder ist es doch zu kalt ihr?
Man siehts an der Gänsehaut ...
Nun, sie wird bestimmt nicht alt hier:
Morgen wird sie aufgetaut.

Hm, welch Duft zieht aus dem Herde
durch die ganze Wohnung dann!
Macht, dass gut der Braten werde,
morgen kommt der Weihnachtsmann!

EIN TRAUM

Ich schlaf nicht gern auf weichen Daunen;
denn statt des Märchenwaldes Raunen
hör ich im Traume all die kleinen
gerupften Gänschen bitter weinen.
Sie kommen an mein Bett und stöhnen
und klappern frierend mit den Zähnen,
und dieses Klappern klingt so schaurig ...
Wenn ich erwache, bin ich traurig.

*Der schläft gut, der nicht weiß,
wie schlecht er schläft.*

„Ja, er ists, aber bitte keine zu großen Erwartungen!"

Ein Weihnachtslied

Es ist Weihnachten geworden.
Kalter Wind bläst aus dem Norden
und hat Eis und Schnee gebracht.

Doch am Weihnachtsbaum die Kerzen,
die erwärmen unsre Herzen,
und des Kindes Auge lacht.

Und man sieht auf den verschneiten
Straßen weiße Engel schreiten
durch die stille, heil'ge Nacht.

FESTE

Der Karpfen kocht, der Truthahn brät,
man sitzt im engsten Kreise
und singt vereint den ersten Vers
manch wohlvertrauter Weise.
Zum Beispiel „O du fröhliche",
vom „Baum mit grünen Blättern" –
und aus so manchem Augenpaar
sieht man die Träne klettern.
Die Traurigkeit am Weihnachtsbaum
ist völlig unverständlich:
Man sollte lachen, fröhlich sein,
denn ER erschien doch endlich!
Zu Ostern – da wird jubiliert,
manch buntes Ei erworben!
Da lacht man gern – dabei ist ER erst
vorgestern gestorben ...

EIN OSTERGEDICHT

Wer ahnte, dass zum Weihnachtsfest
Cornelia mich sitzen lässt?

Das war noch nichts: Zu Ostern jetzt
hat sie mich abermals versetzt!

Nun freu ich mich auf Pfingsten –
nicht im Geringsten!

DER FELS

Wenn dir ein Fels vom Herzen fällt,
so fällt er auf den Fuß dir prompt!
So ist es nun mal auf der Welt:
Ein Kummer geht, ein Kummer kommt …

Damenwahl

IN EIGNER SACHE

Ich häng oft den Gedanken nach,
die teilweis stürmisch, teils gemach
die Gänge meines Hirns erfüllen.
Doch denken kann ich nur im Stillen.

Im Wald zum Beispiel! Zwischen Bäumen,
dort kann ich dichten, kann ich träumen.
In Gegenwart von Baum und Tier,
da kommen die Gedanken mir.

Allein, inmitten jener Wesen,
die schreiben können und auch lesen,
die lieben könnten, doch nur hassen,
fällt mir nichts ein, da muss ich passen!

Herr und Frau Bänkel festlich glänzend

DIE KUNST DES TRINKENS

Solange es uns Menschen gibt,
sind auch Getränke sehr beliebt –
ich meine hier natürlich nur
die alkoholischer Natur!

Den *Wein*, den hab ich übersprungen,
der wurde schon zu oft besungen
und auch der *Sekt!* (Man reicht ihn Gästen
zum An- und Aufstoßen bei Festen.)

Wie selten aber steht vom *Bier*
etwas geschrieben, außer hier:
„Es schäumt das Glas mit edler Gerste,
und stets bekömmlich ist das erste!"

Doch gibt es außerdem Getränke,
den'n ich besondre Liebe schenke,
ich schätze fast seit der Geburt se:
das ist der *Klare* oder *Kurze!*

▶

Wie wärmen sie an kalten Tagen
schön eisgekühlt den kalten Magen!!!
Wie spornen sie – als Geistgetränke –
den Geist an, dass er wieder denke!!!

Jedoch wie geistlos – sei'n wir offen! –
wird diese Köstlichkeit *gesoffen!*
Drum will ich, eh Sie einen heben,
hier schnell noch einen Ratschlag geben:

Man trinke *Schnaps* stets *nur zum Essen!!!*
Das Bier dazu soll man vergessen!!!
Und ob in Kneipe oder Haus:
Man lasse immer einen aus!!!

Wenn man das ganz genau so tut,
dann fährt man stets – auch Auto! – gut.

DAS STECKENPFERD

Der eine liebt Konkretes nur,
der andre das Abstrakte,
der Dritte schwärmt für die Natur
und deshalb für das Nackte.
Der Vierte mag nur Fleisch vom Schwein,
der Fünfte Milch und Eier,
der Sechste liebt den Moselwein,
der Siebte Fräulein Meier.
Für jeden gibt es was von Wert,
für das er lebt und streitet,
und jeder hat sein Steckenpferd,
auf dem er immer reitet.

Hätten Sie's gewusst? Hansi Fleischer war 1954 im Krippenspiel von St. Stephan in Kleinheubach das Christkind!

NÄCHSTENLIEBE

Die Nächstenliebe leugnet keiner,
doch ist sie oft nur leerer Wahn,
das merkst am besten du in einer
stark überfüllten Straßenbahn.
Du wirst geschoben und musst schieben,
der Strom der Menge reißt dich mit.
Wie kannst du da den Nächsten lieben,
wenn er dir auf die Füße tritt?!

MAN NEHME

Seit frühster Kindheit, wo man froh lacht,
verfolgt mich dieser Ausspruch magisch:
Man nehme ernst nur das, was froh macht,
das Ernste aber niemals tragisch!

„Ich nehme Rentiersteak, und du?"

DER KLEINE ENGEL

Geht ein kleiner Engel
durch das kleine Haus.
Löscht die kleinen Lichter
und die Lampe aus.

Drückt die müden Augen
sanft und heimlich zu,
spannt die bunten Träume
über deine Ruh.

Hält zu deinen Häupten
dann die ganze Nacht
mit zwei weißen Flügeln
treu und lautlos Wacht.

WAS WÄR ...

War wär ein Apfel ohne -sine,
was wären Häute ohne Schleim,
was wär die Vita ohne -mine,
was wär'n Gedichte ohne Reim?

Was wär das E ohne die -lipse,
was wär veränder ohne -lich,
was wären Kragen ohne Schlipse,
und was wär ich bloß ohne dich?

BILANZ

Wir hatten manchen Weg zurückgelegt,
wir beide, Hand in Hand.
Wir schufteten und schufen unentwegt
und bauten nie auf Sand.
Wir meisterten sofort, was uns erregt,
mit Herz und mit Verstand.
Wenn man sich das so richtig überlegt,
dann war das allerhand.

DAS ECHO

Das Echo liegt im Felsenspalt
und schläft, mit Schnee bedeckt.
Solang es Winter ist und kalt,
wird es nicht aufgeweckt.

Doch wenn der Schnee geschmolzen ist,
du, lieber Enzian, grünst,
und mutig jodelt der Tourist,
hats Echo wieder Dienst.

Freunde, hütet euch vor diesen,
die da husten, wenn sie niesen! ...

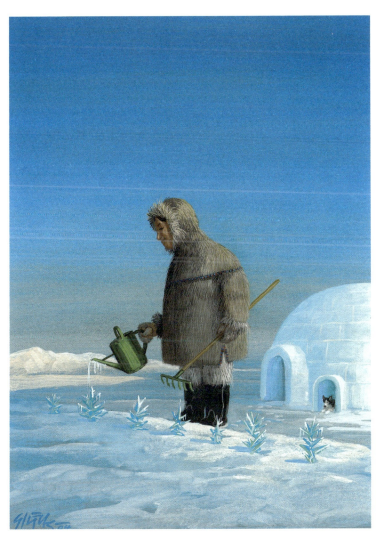

Eskimofrau beim Gießen ihrer Eisblumen

IN EILE

Kaum warst du Kind, schon bist du alt.
Du stirbst – und man vergisst dich bald.
Da hilft kein Beten und kein Lästern:
Was heute ist, ist morgen gestern.

LEICHT ZU SAGEN

Du irrst, wenn du sagst, es sei leicht,
was Leichtes hinzuschreiben,
was lustig – aber nicht zu seicht –
die Sorgen hilft vertreiben.

Leicht ist, ich bitt dich zu verzeihn,
das so genannte Ernste,
das braucht nicht angeborn zu sein –
das kannste bald, das lernste!

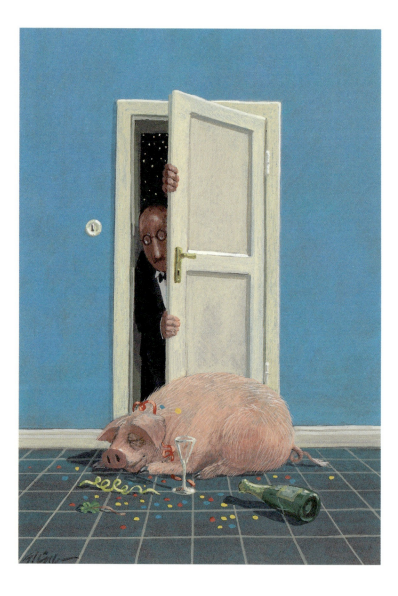

DAS GROßE LOS

Wie mans auch dreht, wie mans auch nimmt,
das Los ist uns vorausbestimmt.
Wir wissen nicht, was kommt, was geht,
wie mans auch nimmt, wie mans auch dreht.
Wie mans auch dreht und nimmt und zieht,
wir wissen nicht, was uns noch blüht.
Das große Los blüht uns nicht oft,
wie mans auch dreht, nimmt, zieht und hofft.

Mal trumpft man auf, mal hält man stille,
mal muss man kalt sein wie ein Lurch,
des Menschen Leben gleicht der Brille:
Man macht viel durch!

KLEINE REDE AM NEUJAHRSMORGEN

Wie Sie sehen, seh ich heute ziemlich blass aus. Das liegt daran, weil meine Freunde und ich uns die vergangene Nacht um die Ohren haben schlagen müssen, um einen lieben Entschlafenen, den auch Sie kannten, zur letzten Ruhe zu geleiten. Nämlich das vergangene Jahr.

Der Verblichene starb an den Folgen seines Todes und zum ersten Mal in seinem Leben. Und obwohl er nur ein Jahr alt wurde, war er schneeweiß geworden. So viel Aufregendes hatte er in seinem kurzen Leben erleben müssen.

Als wir an der Bar standen – ich wollte sagen: an der Bahre standen, wurde es sehr feucht der vielen Tränen wegen, die zu vergießen wir nicht vergessen hatten. Es ist ja auch sehr traurig, wenn jemand, der ein ganzes Jahr lang Tag und Nacht um uns war, und an den wir uns mittlerweile gewöhnt hatten, nun für immer von uns geht.

„Hertha, ich glaube, wir haben dieses Jahr sehr viel Schwein!"

Wir produzieren nachhaltig
- Klimaneutrales Produkt
- Papiere aus nachhaltigen und kontrollierten Quellen
- Hergestellt in Europa

MIX
Papier aus verantwortungsvollen Quellen
FSC® C002795

5. Auflage 2022
– Originalausgabe –

© 2020 Lappan Verlag in der Carlsen Verlag GmbH, Oldenburg/Hamburg

ISBN 978-3-8303-6374-3

Alle Rechte vorbehalten. Das Werk darf – auch teilweise – nur mit Genehmigung des Verlages wiedergegeben werden.

Lektorat: Ariane Ossowski | Monika Swirski
Gestaltung | Herstellung: Monika Swirski

Folgt uns! facebook.com/lappanverlag
Instagram.com/lappanverlag
www.lappan.de

www.gerhard-glueck.de